Come in uno specchio

uno specchio

Un capolavoro di Ingmar Bergman

Saggio

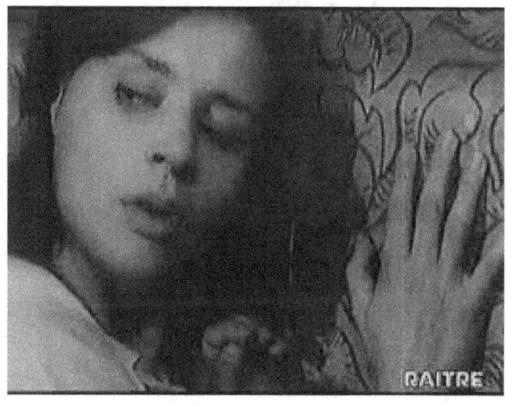

Salvatore M. Ruggiero

Come in
uno specchio
(1961)

(Titolo originale: *Sasom I en spegel*

Titolo in inglese: *Through a glass
darkly*)

a quelli che ridono della pazzia degli altri, ma del tutto sani non sono.

Una frase

"Sulla lunga punta sabbiosa c'è una casa isolata duramente segnata dalle intemperie. La costruzione è a due piani e di color verde scuro; dove il sole e il tempo hanno corroso la vernice, il legno appare di un verde più chiaro e serico. Il retro della casa dà su un grande giardino incolto a tratti circondato da un'alta palizzata. La casa è abitata. Il bucato svolazza sulle corde tese e le finestre aperte sono protette da tendoni semi-strappati dal vento. Dal mare ondeggiante e cupo della sera si elevano richiami e risate. All'improvviso sulle onde appaiono quattro teste e subito dopo quattro persone si trascinano verso la spiaggia dal basso fondale. Respirano affannosamente come dopo una faticosa nuotata e ridono sfinite, camminano una di fianco all'altra, quattro figure nere che si stagliano contro il tramonto e gli agitati riverberi dell'acqua. Due uomini, un ragazzo e una donna. Si arrampicano sul lungo pontile di regno rovinato dal ghiaccio e si avvolgono in asciugamani e accappatoi. La brezza serale è già piuttosto pungente ma l'acqua è tiepida.[1]"

---

1   L'*incipit* folgorante della sceneggiatura del film in oggetto.

PROLOGO

Il titolo di questo film fu suggerito a Ingmar Bergman dalla lettura degli Atti degli Apostoli e, più precisamente, dalla lettura della Prima Lettera di S. Paolo ai Corinzi (XIII, 12): *"Ora noi vediamo come in uno specchio, in maniera confusa; ma allora vedremo a faccia a faccia. Ora conosco in modo imperfetto, ma allora conoscerò perfettamente, come anch'io sono conosciuto."*

Un tranquillo *week-end* di (umana) paura, potremmo definire questo film.

Non più di ventiquattro ore di una breve ...vacanza da incubo dei quattro membri di una benestante famiglia svedese, su un'isoletta ventosa del Mar Baltico, che potrebbe essere Faro.

E che in realtà è Faro, perché proprio lì

il film fu girato. *"Quando il film si trovava nel primo stadio della progettazione e aveva come titolo* La tappezzeria *nella mia agenda di lavoro scrissi: deve essere una storia di traverso e non in lunghezza. Come Cristo si dovrà fare? Ma anche... se si tratta di un'espressione strana, capisco esattamente quello che intendevo dire: un film che doveva entrare in una dimensione del profondo non sperimentata.[2]"*

Ingmar Bergman paragona i quattro interpreti a un *"...quartetto d'archi"* nel quale *"...uno strumento suona falso tutto il tempo[3]* (n.d.A. David) *e un altro* (n.d.A., Minus) *segue con sicurezza tutte le note ma senza interpretarle.[4]"*

---

2   Ingmar Bergman, *Immagini.*
3   Il regista si riferisce ai problemi che lui e Gunnar Bjornstrand incontrarono nella costruzione del personaggio di David.
4   Ingmar Bergman, *Immagini.*

Come in uno specchio apre anche la cd. Trilogia di Dio o dell'assenza di Dio o Religiosa. Proseguita, appunto, con *Luci d'inverno*[5] e *Il silenzio*[6].

Per la stessa personale ammissione di Ingmar Bergman che, aveva sempre invitato a vedere e a giudicare i suoi film singolarmente, si tratta di fatto di una trilogia.

Ed egli stesso, infatti, accomunò i tre i film nella seguente classificazione: *"Questi tre film trattano di una riduzione.* Come in uno specchio: *certezza conquistata;* Luci d'inverno: *certezza messa a nudo;* Il silenzio *(silenzio di Dio) la copia in negativo. Perciò formano una trilogia.*[7]*"*

Salvo poi auto-smentirsi successivamente: *"Queste cose le scrissi nel 1963. Oggi penso che l'idea*

---

5 *Nattsvardgasterna*, 1961.
6 *Tystnaden*, 1962.
7 Ingmar Bergman, *Immagini*.

della trilogia non abbia né capo né coda. Era una Schnaps-Idee *come dicono i bavaresi.*[8]"

8   O.Assayas e Stig Bjorkman, *Conversazione con Ingmar Bergman.*

SINOSSI E SCENEGGIATURA

Due uomini adulti, un giovane e una donna escono dall'acqua dopo aver fatto una nuotata.

I protagonisti di questo perfetto esempio di *Kammerspielfilm*[9] sono:

- David (un ottimo Gunnar Bjornstrand), padre vedovo di Karin e Minus e suocero di Martin, romanziere egocentrico, sempre in viaggio, appena tornato dalla Svizzera e in procinto di ripartire per tornarci;

- Karin (una stratosferica, Harriet Andersson) sua figlia affetta da psicosi schizofrenica, ereditata

---

9   In pratica si ricollega questo singolare esempio, insieme gli altri due successivi, del cinema di Bergman al movimento della cd. *Kammerspielfilm,* sorto nel 1921 come reazione al primo espressionismo per iniziativa dello scenarista Karl Mayer e del regista Lupu-Pick.

dalla madre che ne è morta, con turbe di carattere religioso e sessuale, sposata con Martin;

– Martin (un eccellente Max von Sidow) il marito medico di Karin, quindi genero di David e cognato di Minus, che vive il calvario della malattia della moglie con abnegazione;

– il fratello minore studente Fredrik, detto Minus (uno zoppicante Lars Passgard) troppo legato alla sorella, quasi al limite del rapporto incestuoso e col solito retaggio bergmaniano dell'eterno conflitto col padre troppo distante.

Mentre Martin e David predispongono le reti, Karin e Minus vanno a prendere il latte. Durante la cena i due fratelli rappresentano un dramma che Minus stesso ha scritto. S'intitola: *L'arte dell'apparizione dei fantasmi o la tomba delle illusioni.*

Nella trama, ovviamente, autobiografica c'è qualcosa che Minus vuole dire al padre: si parla di un poeta che prova amore solo quando ne scrive. Il padre pare non essere molto contento di questi riferimenti del figlio. Se ne accorge Karin che ne parla a Martin, suo marito.

KARIN: *Hai notato che papà ha preso la commedia di Minus come un oltraggio personale? Era molto offeso, anche se ha cercato di non farlo capire.*

MARTIN: *Credi?*

KARIN: (assente) *E Minus ci è rimasto male, naturalmente.*

Di notte nella casa in pochi dormono: David rivede il suo manoscritto; Karin va in una stanza disabitata da tempo, rivolta ad oriente, quasi una soffitta, dove vive una delle sue allucinazioni.

Dalla sceneggiatura del film si legge: *Nella stanza non ci sono mobili eccetto una vecchia sedia di legno e un tavolino da bambini. Le larghe assi sbianchite che una volta ricoprivano il pavimento sono state in parte asportate ed ora sono appoggiate alla parete. Quello che però colpisce maggiormente è la tappezzeria della stanza. È verde e rappresenta del fogliame in diverse sfumature e gradazioni. La tinta è sbiadita qua e là ed il disegno grigiastro si vede appena, ma negli angoli e dietro ai quadri il verde è ancora intenso e vivace. Sulla parete alla destra delle finestre c'è una porticina ricoperta dalla tappezzeria sopra alla quale una macchia d'umido ha formato una specie di luna ridente con un occhio vuoto, la bocca spalancata e un enorme naso a patata. A sinistra della finestra una striscia di tappezzeria è stata stracciata lasciando scoperta una rigida composizione brunastra con righe sottili d'oro stinto. Karin si è fermata nel mezzo della stanza in un atteggiamento di impietrito ascolto, quasi qualcuno dovesse parlarle. Non trattiene più la vestaglia e tende immobile la mano, il capo girato e lo sguardo fisso alla parete di destra. Improvvisamente si accendono delle fiammelle sul pesante fogliame della tappezzeria, una violenta folata di vento arriva dal mare e la casa geme come una vecchia nave con alberi e sartie. Il disco del sole rotola fuori dal grigio mareggio e piccole lingue di fiamme arancioni guizzano sul fogliame della tappezzeria. Karin sospira, nella sua gola gorgoglia un suono simile ad un canto o ad un lamento repressi. Il suo volto si gonfia e incupisce, lo sguardo diviene vitreo ed assente. Poi scivola lentamente sulle ginocchia con le gambe divaricate.*

Dietro la tappezzeria (da qui il titolo originario che Ingmar Bergman diede alla bozza del soggetto: *La tappezzeria*) è come se sentisse delle voci, quasi immagina che ci sia vita e che, prima o poi, ne uscirà qualcuno che abita là. O Dio.

Sempre dalla sceneggiatura del film, nella scena successiva si legge: (David, n.d.A.) *Scuote la testa e si china sopra il foglio e scrive in stampatello con l'inchiostro rosso: GLI CORSE INCONTRO. Poi sospira e scuote la testa, traccia una grossa riga sopra le parole in stampatello e scrive con decisione: Si incontrarono sulla spiaggia. Si volta. Sulla porta c'è Karin.*

DAVID: *Ciao, piccola Kajsa. Sei già sveglia? Saranno circa le quattro, credo.*

KARIN: *Ciao, papà.*

DAVID: *Volevi qualcosa?*

Karin non risponde, ma entra nella stanza e richiude la porta dietro di sé, si avvicina al padre e si siede sulle sue ginocchia mettendogli le braccia attorno al collo.

KARIN: *Hai delle difficoltà?*

DAVID: *Sto limando il mio romanzo, capisci, e la cosa non è molto divertente.*

KARIN: *Leggimelo.*

DAVID: *Dopo, quando mi avranno mandato le bozze. Perché non dormi?*

KARIN: *Mi hanno svegliata alcuni uccelli che gridavano in modo agghiacciante al sorgere del sole, e poi ho avuto paura ad addormentarmi.*

DAVID: *Ora vedrai.*

Solleva la figlia e l'adagia sul suo

letto, la copre con la trapunta, le sistema il cuscino e le fa una breve carezza sulla guancia e sui capelli.

KARIN: *Proprio come quando ero bambina.*
DAVID: *Ora sì che ti addormenti.* (David, n.d.A.) *Ritorna alla scrivania. Karin chiude gli occhi e sbadiglia. Il volto teso si distende e ritrova finalmente la calma. David osserva la figlia, il volto pallido al quale il sole non ha dato alcun colore, gli scuri capelli arruffati, le profonde occhiaie. Poi ritorna alle sue pene: le frasi contorte, le parole detestabili, la banalità delle situazioni, i personaggi sfuocati.*

David e Minus vanno a salpare le reti, Karin in camera del padre, dove ha dormito, legge dal suo diario che la sua malattia è inguaribile. Poi racconta a Martin del diario e Martin accusa il suocero di essere freddo, cinico.

David e Martin hanno lasciato la barca in un'insenatura riparata e tirato fuori la colazione al sacco. Martin che ha già finito di mangiare è seduto e sta gettando sassolini in acqua. David beve il caffè nel coperchio del thermos. Ambedue tacciono.

DAVID: *Che cosa è successo?*
MARTIN: *Perché?*
DAVID: *Sei taciturno e quasi ostile.*
MARTIN: *Non so se valga la pena di parlarti della cosa.*
DAVID: *Te ne prego.*
MARTIN: *Si tratta di Karin.*
DAVID: *Karin? Sì?*
MARTIN: *Ha frugato nei tuoi cassetti trovando il tuo diario. Naturalmente lo ha letto...*
DAVID: *No!* (Pausa). *Dio mio!*
Solleva la mano al volto in un improvviso gesto di paura.
MARTIN: *Che cosa hai scritto?*

DAVID: *Dio mio!*

MARTIN: *Karin voleva che lo chiedessi a te.*

DAVID: *Ho scritto che la sua malattia è incurabile. Scrissi anche di provare un desiderio tremendo di studiarne il decorso.*

Martin fissa David col volto stravolto dal disgusto. David si è accasciato e con la mano si gratta il ginocchio.

DAVID: *Non posso discolparmi e neppure difendermi.*

MARTIN: *Si tratta come sempre solo di te e delle tue cose.*

David scuote la testa.

MARTIN: *Sei totalmente perverso nella tua freddezza di sentimenti. Studiarne il decorso. È significativo.*

DAVID: (prende fiato) *Tu non capisci.*

MARTIN: *No, proprio no. Ma una cosa la capisco: tu sei a caccia di soggetti. La pazzia di tua figlia. Accidenti, che idea!*

DAVID: (sottovoce) *Le voglio bene, Martin!*

MARTIN*: Tu, amare! Nel tuo vuoto non c'è posto per i sentimenti, ti manca il più comune senso della decenza. Sai come esprimere ogni cosa. Trovi le parole giuste per ogni occasione. C'è solo un fenomeno di cui non sai nulla: la vita stessa.*

David guarda Martin.

MARTIN*: Sei vile e fiacco, ma in una cosa sei quasi grande. Scuse e giustificazioni.*

DAVID*: Cosa vuoi che faccia?*

MARTIN*: Scrivi il tuo libro! Forse ti darà ciò a cui aneli di più: il successo come poeta. Così non avrai sacrificato tua figlia invano. Io posso... io dovrei...*

S'interrompe mordendosi le labbra. David lo osserva. Il volto di David si è come avvizzito, la mano continua a stropicciare il ginocchio con irrequietezza.

DAVID: *No, dimmi quello a cui stavi pensando.*

MARTIN: *C'è un dio che tu corteggi nei tuoi romanzi, ma ti devo dire che la tua fede e il tuo dubbio son ben poco convincenti. La cosa che più colpisce è il tuo orrendo genio inventivo.*

DAVID: *Credi che non lo sappia?*

MARTIN: *Perché continui allora? Perché non cerchi di scrivere qualcosa di decente?*

DAVID: *Che cosa dovrei fare?*

MARTIN: *Hai mai scritto una sola parola sincera nei tuoi romanzi? Rispondimi, se puoi.*

DAVID: *Non lo so.*

MARTIN: *Vedi? Ma la cosa più atroce è che le tue mezze bugie sono così raffinate da sembrare verità.*

DAVID: *Faccio del mio meglio.*

MARTIN: *Può darsi. Ma non riesci mai a raggiungere il tuo scopo.*

DAVID: *Lo so.*

MARTIN: *Sei vuoto e abile ed ora vuoi riempire il tuo vuoto con lo spegnersi di Karin. L'unica cosa che non riesco a capire è come tu possa far entrare Dio in questo contesto. Sarà più imperscrutabile che mai.*

DAVID: *Posso chiederti una cosa, Martin?*

MARTIN: *Prego.*

DAVID: *Riesci sempre a controllare i tuoi pensieri più reconditi?*

MARTIN: *Grazie a Dio non sono così complicato. Il mio mondo è molto semplice. È abbastanza chiaro e umano.*

DAVID: *Malgrado ciò hai desiderato più volte che Karin morisse.*

MARTIN: *No. Assolutamente no. Soltanto a te può venire una simile idea.*

DAVID: *Puoi giurarmi di non averlo mai pensato? D'altronde sarebbe abbastanza logico. Sono sicuri dell'incurabilità del suo male e tu sei convinto che la vostra sofferenza sia senza scopo. In tal caso sarebbe meglio morisse.*

MARTIN: *Sei grottesco.*

DAVID: *Dipende solo da che punto di vista si considera la cosa.*

David accende la pipa, le sue mani tremano ma per il resto appare assolutamente calmo.

MARTIN: *È inutile parlare.*

DAVID: (con durezza) *Non del tutto.*

MARTIN: *Io l'amo e non posso far nulla. Posso solo starle accanto e vederla trasformarsi in un povero animale torturato. Mi accorgo di non riuscire più a raggiungerla, che si sta allontanando da me. A volte è come se mi odiasse.*

DAVID: *La cosa più importante è avere una buona opinione di sé. Tutto poi si risolve come per un colpo di bacchetta magica. Basta che si compiano le azioni giuste. L'attività stimola la fiducia in se stessi ed impedisce la riflessione.*

MARTIN: *Stai parlando di me?*

DAVID: *Non oserei mai, parlo in linea di principio. E la mia ironia è soprattutto rivolta contro me stesso, te lo posso assicurare.*

MARTIN: *Ma tu hai il tuo conforto nella fede.*

DAVID: *Sì.*

MARTIN: *E nella grazia imperscrutabile.*

DAVID: *Sì.*

MARTIN: *È incomprensibile?*

David solleva il capo e guarda il mare ventoso oltre l'insenatura che odora di resina e di alghe. La sua mano continua a tremare e la pipa si è spenta.

David, poi, racconta a Martin di un suo tentativo di suicidio. *Ti voglio raccontare una cosa. Quand'ero in Svizzera avevo deciso di suicidarmi. Avevo noleggiato una piccola automobile e scelto uno strapiombo. In tutta calma andai lì, era una strada fuori mano e senza traffico. Era di pomeriggio, la vallata era già avvolta nell'oscurità. Io mi sentivo svuotato, privo di terrore, angoscia o attesa. Diretto verso il precipizio premevo al massimo l'acceleratore, ma il motore s'inceppò, l'auto si arrestò di botto, il cambio aveva frenato, capisci, e sbandando per alcuni metri sulla ghiaia rimase sospesa sul bordo con le ruote anteriori nel vuoto. Mi trascinai fuori e cominciai a tremare per tutto il corpo; fui costretto a sedermi contro il fianco della montagna dall'altra parte della strada. E rimasi seduto per molte ore respirando a stento.*

Intanto lo stato confusionale di Karin, probabilmente causato proprio dalla lettura del diario del padre, provoca un acutizzarsi della sua psicosi: la donna scappa e si rifugia in un relitto arenato poco lontano dalla spiaggia.

(Minus, n.d.A.) *Chiama Karin. Nessuno risponde. Entra in casa. Cerca e chiama, ma Karin è scomparsa. Entra nella stanza con la tappezzeria. La porta dell'armadio. Vuoto e silenzio. Di quando in quando l'uccello stride, angosciante ed imperioso. Minus si precipita giù dalle scale e si ferma smarrito nell'ingresso. La porta della cucina è semiaperta, la tenda ondeggia per l'improvvisa corrente d'aria. Il mare ha cominciato ad agitarsi e a mormorare. Si precipita fuori di casa, attraversa il giardino e si mette a correre lungo la spiaggia. Infine si ferma ansimante accanto a un relitto in secca[10]. È un vecchio battello*

_____

10 Si tratta proprio del relitto che Ingmar Bergman notò sulla spiaggia durante il sopralluogo narrato

con l'albero spezzato e la ruota di prua rotta. Il boccaporto della stiva è spalancato. Legni marci e pezzi di gomena pendono dai parapetti e dalla murata. Il cassero con le sue finestre sconquassate e il tetto crollato si appoggia a un pezzetto d'albero rimasto in piedi. Il relitto giace su un terrapieno erboso che sporge per alcuni metri nell'acqua. In cima al terrapieno hanno posto un segnale. Minus si arrampica sul relitto e si ferma alcuni istanti in ascolto. Poi si avvicina cautamente in punta di piedi al boccaporto e guarda giù nell'oscurità ma non riesce a scorgere nulla. Si cala nella stiva. La carcassa ha delle larghe spaccature sulle pareti e qua e là filtra la luce; l'apertura del boccaporto irradia un bagliore grigiastro. Nella ruota del timone l'acqua fluisce mentre a poppa il

_____

nella sua autobiografia *Lanterna magica*.

pavimento è solido ed intatto. *Quando gli occhi di Minus si sono assuefatti all'oscurità, egli riesce a distinguere una figura in fondo al buio e sente sospirare.*

MINUS: *Karin!*
Nessuna risposta.
MINUS: *Karin! Sei tu?*
Quando vede che lei gli tende la mano le si avvicina. È raggomitolata nell'angolo come un animale, il volto è sudicio ed ha sollevato la gonna sul ventre. Minus si inginocchia accanto a lei e cerca di coglierne lo sguardo.
MINUS: *Sono io, Karin!*
Karin non risponde ma avvicina il suo volto a quello di lui. I suoi occhi sono chiusi e il suo fiato è caldo e febbricitante. All'improvviso si aggrappa a lui ed egli cade sopra di lei, tenta di divincolarsi ma non vi riesce e rotola sempre più addosso a lei. Intravede pelle nuda, percepisce

odor di alghe, legno marcio, fondo di mare. Lei lo tiene avvinghiato con le braccia e le gambe, ma il suo volto è girato e la sua bocca serrata. La pioggia comincia a cadere sordamente sul tetto. Pian piano lui riesce a staccarsi e solleva la testa. Le si siede accanto, incapace di muoversi, mentre il pianto gli fa un nodo in gola. La pioggia picchietta sempre più forte e scroscia attraverso il boccaporto. Là dentro al buio è freddo e umido.

MINUS: *Dobbiamo tornare a casa.*

Karin non risponde, si accorge appena di lui. Minus si getta contro di lei, comincia a gridare, la chiama, la scuote. Lei ritorna lentamente in sé, si accuccia con le mani tra le ginocchia, il suo volto è pallido e con un'espressione di immensa angoscia.

KARIN: *Devi aiutarmi, sono ammalata.*

MINUS: *Vieni, dobbiamo tornare a*

casa.

KARIN: *Non posso andar via di qua. Devo restare.*

MINUS: *Cosa dobbiamo fare?*

KARIN: *Devi aiutarmi.*

MINUS: *Dimmi in che modo posso aiutarti.*

KARIN: *Devi aiutarmi.*

Minus l'afferra per i polsi per aiutarla ad alzarsi, ma lei oppone resistenza con la forza della disperazione.

KARIN: *No, non devo andar via di qui. Ho tanta sete.*

MINUS: *Vuoi che vada a prenderti dell'acqua?*

Lo sguardo di Karin appare nuovamente pensoso e assente. Minus si alza e in preda a un impulso d'orrore e insieme desiderio di aiutarla si inerpica attraverso il boccaporto e corre verso casa. Karin striscia carponi verso l'acqua a prua, vi affonda il viso e beve a lungo ed avidamente. Poi si ritrae verso il suo angolo, dove si rannicchia infreddolita. Minus si precipita nella sua camera e si butta in ginocchio sul pavimento con le mani giunte, si piega su se stesso premendo le mani contro le labbra.

MINUS*:* (sussurrando) *Dio... Dio... aiutaci!*

Il padre e il marito sono costretti dalla preghiera di Karin, a prenotare per lei un urgente ricovero in ospedale, dove sarà trasportata in elicottero. Intanto la donna sparisce di nuovo, va in soffitta dove racconta di aver visto Dio sotto forma di un grosso ragno nero che ha cercato di possederla. *"Io ho visto Dio!"* David e suo figlio Minus restano sull'isola dove finalmente parlano insieme; Martin e Karin sono partiti. Il film si chiude sulla didascalica battuta di Minus: *"Papà mi ha parlato!"*

RECENSIONE

I perni del film, anzi, le pietre angolari, sono sostanzialmente e formalmente due. Da una parte c'è Karin, unico personaggio femminile (sappiamo come nei confronti dei suoi personaggi femminili Bergman appaia sempre quanto meno comprensivo, se non addirittura indulgente), ma anche personaggio monolitico, enigmatico, difficile da comprendere appieno, profondo e fragile, armato solo del suo corpo e della sua lucida psicosi[11]; alla spasmodica ricerca della guarigione e di Dio (che crede di vedere addirittura in un grosso ragno nero che cerca di possederla); alla ricerca di un vero rapporto col padre scrittore, freddo e austero, che la fa caso letterario, sfruttando la sua malattia e facendola

---

11 Guai dire pazzia: gli psichiatri non amano questa parola.

oggetto dei suoi lavori; alla ricerca di un rapporto solido e, finalmente, credibile col marito medico, pure dolce ed affettuoso; alla ricerca di un vero rapporto tra sorella e fratello con Minus, che non sia solo famigliare e familiare, o solo sentimentale, ma sia addirittura fisico, quindi ai limiti dell'incestuoso.

"Harriet Andersson interpreta Karin con perfetta musicalità, entrando ed uscendo liberamente e continuamente dalle sue prescritte realtà. La sua interpretazione ha toni puri ed è piena di genialità. Fu lei a rendere il prodotto sopportabile...[12]"

Dall'altra parte i tre personaggi maschili: come al solito poco trasparenti, poco chiari (o lo sono fin troppo?), in possesso di più ombre che luci, poco leali, in una parola poco

---

12 Ingmar Bergman, *Immagini.*

positivi e, comunque pieni di difetti.

Ovviamente, ognuno è visto attraverso i suoi problematici rapporti con Karin. Rispettivamente: moglie, figlia, sorella.

A testimonianza ulteriore di una presunta misantropia di Bergman, molte volte invocata da alcuni critici miopi.

I temi trattati da Ingmar Bergman, nel film, sono quelli classici della sua filmografia: la ricerca di Dio; la malattia mentale; l'unità famigliare; il fine dell'arte; il (tentativo di) raggiungimento dell'infinito e della trascendenza; il senso del dolore; la (difficile) gestione dei rapporti interfamigliari e interpersonali.

Ci piace qui riportare, traendole direttamente dalla sceneggiatura, alcune eloquenti frasi pronunciate dai protagonisti nel corso del film.

Il racconto di un sogno della schizofrenica Karin: *"Mi trovo in un ambiente enorme. Tutto è illuminato e tranquillo. Diverse persone vanno avanti e indietro e quando mi rivolgono la parola le capisco. Tutto è splendido e io sono serena. Alcuni volti irradiano attorno una luce quasi abbagliante. Tutti aspettano lui che deve arrivare, ma senza nessuna ansia. E dicono che io devo essere presente quando tutto ciò avverrà... A volte provo un'ansia irrefrenabile, un desiderio violento del momento in cui la porta si aprirà e tutti si volgeranno verso di lui che si fa avanti... Credo che sia Dio, che sia Dio stesso che debba apparirci... Dio scende dalla montagna attraverso il bosco tenebroso mentre intorno le fiere guardano nel silenzio. Dev'essere la realtà. Io non sogno e quello che dico è vero. A volte mi trovo in questo mondo e a volte nell'altro senza che io possa impedirlo."*

Karin che si rivolge al fratello Minus: *"Siamo così indifesi a volte. Come bambini che si sono perduti in luoghi deserti. Le civette gridano e fissano con i loro occhi gialli. Senti un fruscio sommesso e un cauto mormorio attorno a te e un ansimare leggero di umidi musi e poi le zanne dei lupi."*

Un incubo della schizofrenica Karin.

Il famoso ragno nero che richiama alla mente la simbologia psicoanalitica cara a Ingmar Bergman[13]: *"Ho avuto paura. La porta si è dischiusa, ma il Dio che è entrato era solo un ragno. Si è avvicinato a me e io l'ho visto in faccia: un viso ripugnante e gelido. Si è lanciato su di me, voleva possedermi ma io mi sono difesa. Vedevo*

---

13 L'immagine di un ragno è presente anche nel Prologo del film Persona

continuamente i suoi occhi così freddi e calmi. Non è riuscito a penetrare in me, così ha strisciato sul mio petto e se ne è andato su per la parete. Ho visto Dio.”

Ed infine il dialogo centrale di tutto il film: tra Minus e suo padre David, nel finale del film:

DAVID: *Vieni con me.*

Tocca la mano di Minus e si avviano lungo la spiaggia. Per tutto il tempo hanno sul volto la forte luce del sole. Camminano silenziosi uno accanto all'altro. Poi David cinge con un braccio le spalle di Minus. Camminano lungo la riva. Minus è a piedi nudi e l'acqua ogni tanto gli lambisce i piedi.

MINUS: *Papà, non posso vivere in questa nuova realtà.*

DAVID: *Sì, puoi farlo, se hai qualcosa*

a cui appoggiarti.

MINUS: *E cosa dovrebbe essere, un dio? Un dio-ragno come quello di Karin? Oppure una potenza invisibile che risiede nelle tenebre? No, è impossibile.*

Silenzio.

MINUS: *No, papà, è impossibile. Dio non esiste nel mio mondo.*

Silenzio. Procedono lungo la spiaggia.

MINUS: (angosciosamente) *Dammi una prova dell'esistenza di Dio.*

Silenzio.

MINUS: *Non sai darmela.*

DAVID: *Sì, posso dartela, Minus, ma devi ascoltare attentamente ciò che dico.*

MINUS: *Ho bisogno di ascoltare, papà.*

DAVID: *È scritto che Dio è amore.*

MINUS: *Per me queste sono solamente parole e assurdità.*

DAVID: *Aspetta. E non*

interrompermi.

Sono arrivati su una lingua di terra sabbiosa che quasi inavvertitamente s'immerge nell'acqua. Sembra che siano fermi in mezzo al biancore del mare e con sopra di loro il biancore del cielo, quasi fossero rinchiusi in un globo di vetro color latte. Infinitamente piccoli in questo silenzioso e velato candore.

DAVID: *Voglio solo darti un'idea della mia speranza.*

MINUS: *E sarebbe l'amore di Dio?*

DAVID: *È la certezza dell'esistenza dell'amore come qualcosa di reale nel mondo degli uomini.*

MINUS: *Ed è naturalmente uno speciale tipo d'amore che viene preso in considerazione.*

DAVID: *Ogni tipo d'amore, Minus! Il più alto e il più basso, il più povero e il più ricco, il più ridicolo e il più bello. Quello ossessivo e quello* egoistico. *Tutti i tipi d'amore.*

MINUS: (sottovoce) *Il desiderio d'amore.*

DAVID: *Il desiderio ardente e la rinnegazione. Il dubbio e la fede.*

MINUS: *Così l'amore dovrebbe essere la prova?*

DAVID: *Non possiamo sapere se l'amore dimostri l'esistenza di Dio oppure se l'amore è Dio stesso. Ma non è così importante.*

MINUS: *Per te l'amore e Dio sono lo stesso fenomeno.*

DAVID: *Il mio vuoto e la mia sporca disperazione trovano sostegno in questo pensiero.*

(Tace).

MINUS: *Spiegami, papà.*

DAVID: *All'improvviso il vuoto si trasforma in ricchezza e la disperazione in vita. È come ricevere una grazia, Minus. Dalla pena di morte.*

MINUS: *Le tue parole sono terribilmente irreali, papà. Ma vedo che credi a quello che dici. E questo mi fa tremare in tutto il corpo.* (Pausa). *Papà.*

DAVID: *Sì.*

MINUS: *Se è come tu dici, allora Karin dovrebbe essere circondata da Dio, dato che noi l'amiamo.*

DAVID: *Sì.*

MINUS: *Può questo aiutarla?*

DAVID: *Credo di sì.*

MINUS: *Papà.*

DAVID: *Sì.*

MINUS: *Ho i brividi e mi battono i denti e tutto il mio corpo trema. Ti dispiace se corro un po'?*

DAVID: *Fallo pure. Intanto io vado a preparare la cena. Ci vediamo tra un'ora.*

Minus non risponde ma comincia a correre lungo la riva facendo spruzzare l'acqua. A un certo punto si

ferma ansimando violentemente.
Rimane immobile a guardare il mare.
MINUS: (sussurra) *Papà mi ha parlato!*
Ma perché Minus cerca e con tale insistenza Dio? Per trovare se stesso? Forse! O, anche, semplicemente per dare un senso alla sua giovane vita?

Riecheggia anche in questo personaggio che appare palesemente smarrito, come in molti altri personaggi del cinema di Ingmar Bergman, l'importanza della filosofia esistenzialista di Kierkegaard: *"Ogni essere umano, per poco dotato che sia, per subordinata che sia la sua posizione nella vita, ha un naturale bisogno di darsi una concezione della vita, una rappresentazione del significato della vita e dello scopo di questa.[14]"*

---

14 Soren Kierkegaard, *Enten,-Eller.*

I CRITICI ITALIANI SUL FILM

Molto interessante quello che, all'epoca, scrissero sul film due tra i maggiori critici cinematografici italiani.

Sergio Trasatti: *"Si è molto parlato del significato religioso finale delle tre opere* (Come in uno specchio, Il silenzio, Luci d'inverno, n.d.A.) *viste in successione, e qualcuno si è meravigliato dello strano itinerario. Lo avrebbe voluto inverso, dal dubbio alla certezza. Ma l'apparente incongruenza si spiega accettando una lettura più semplice della trilogia. Bergman non vuol dimostrare qualcosa. Vuole soltanto proporre qualcosa alla riflessione, vuole stimolare alla ricerca. E lo fa di volta in volta presentando personaggi - persone a loro volta in stato di ricerca.*

Non è né credente né ateo. È solo un uomo desideroso, nel suo cammino di artista, di far partecipare il suo prossimo alle sue meditazioni, alla sua avventura nella foresta del silenzio dell'infinito. Si potrebbe dire quel che Rivette disse di Rossellini: Non dimostra, mostra. *E si potrebbe usare un'altra espressione usata per Rossellini, quella dell'entomologo che depone gli insetti in una scatola e poi ne segue, ne scruta, ne analizza i movimenti senza intervenire (ma mentre il percorso per Rossellini è la storia, per Bergman è la filosofia). Bergman è più vicino al realismo rosselliniano (non dimentichiamo che Rossellini dedicò alla psiche umana importanti film del post-neorealismo) che al mondo poetico di Antonioni, nonostante che analogie con quest'ultimo si potrebbero individuare nell'attenzione al tema della* incomunicabilità. *D'altra parte Antonioni proietta ansie e problemi dei personaggi nell'ambiente circostante, mentre Bergman cerca il più possibile di sfrondare la narrazione interiorizzando la materia.*[15] "

Guglielmo Biraghi: *"Il grande regista svedese ha ormai nelle sue immagini un tale grado di concentrazione espressiva che non gli è più necessario, per descrivere fenomeni o sensazioni paranormali, ricorrere ogni tanto al surrealismo o all'espressionismo, come per esempio ne* Il volto *e* Il posto delle fragole."

Gian Luigi Rondi: *"Pur essendo spesso vicino al trattato di Teologia e di filosofia rivela un tale senso vivo del cinema e una tale matura sapienza figurativa da lasciare lo spettatore abbacinato: anche se, spesso,*

---

15 Sergio Trasatti, *Ingmar Bergman.*

intimidito. Con uno stile che qua e là può sembrare indulgente verso taluni risvolti letterari, con immagini nere e grigie alla Dreyer, riesce con pochi essenzialissimi accenni a creare un clima drammatico teso a volte fino al parossismo, sfiorando argomenti anche scabrosissimi (quali, ad esempio, l'incesto) con perfettissima purezza."

Giovanni Grazzini: *"Bergman trasporta gli spettatori in un'atmosfera arcana, fatta d'immagine essenziali di estrema espressività, grazie a una scenografia vivida, a una regia che chiede alla luce, ai silenzi, di restituire le presenze soprannaturali e il tormento delle anime, alla recitazione superba di Harriet Andersson di rappresentare la mutevolezza di una donna malata che alterna l'orrore alla felicità di non essere costretta a vivere in una sola realtà.[16] "*

Aldo Garzia, (più recentemente, ma prima della morte del regista, avvenuta nell'estate del 2007): *"La scelta di Fårö, dove Bergman vive tuttora, non è indifferente per la buona riuscita di* Come in uno specchio. *Il regista utilizza di solito pochi personaggi nei suoi film e li descrive in un luogo circoscritto. È un metodo di lavoro che si rifà a una massima di Sören Kierkegaard, il filosofo danese:* "Per fare attenzione alla verità, occorre appartarsi, isolarsi dal gregge. E questo solo è sufficiente per incutere all'uomo più angoscia e paura della stessa morte. *Fårö è così diventata l'ideale Cinecittà bergmaniana. C'è un'altra curiosità dietro le quinte del film, rivelata ancora una volta da Bergman:* Come in uno specchio è legato in

---

16   Giovanni Grazzini, *Come in uno specchio*, *Corriere della sera*, 20 giugno 1962.

primo luogo alla mia vita matrimoniale con Käbi Laretei. *Il regista racconta che lui e la pianista di origine estone, in quel momento agli esordi della carriera, si erano scritti per un anno prima d'incontrarsi e innamorarsi:* Per me, era un'esperienza eccitante avere una partner epistolare riccamente attrezzata sia dal punto di vista emotivo che da quello intellettuale. *Ma quel modo di amarsi romantico e idealizzato si sarebbe rivelato ben presto un'artificiale messinscena: i due protagonisti erano soprattutto innamorati del reciproco successo.* Come in uno specchio, *spiega Bergman, è il tentativo di andare alla radice dei sentimenti liberandoli da filtri e finzioni, anche se nel film c'è un formalismo nei dialoghi e nelle situazioni che cela il desiderio di non buttare a mare un amore costruito con molta fatica."*

CONCLUSIONI

Ingmar Bergman voleva girare il suo film in Scozia, ma i produttori gli consigliarono Faro, un'isoletta a nord di Gotland.

Era molto simile al paesaggio che gli serviva e avrebbe ridotto di molto le spese di produzione.

«Gli amministratori, sull'orlo della disperazione, fecero il nome di Fårö. Fårö sarebbe stata simile alle Orkney. Ma meno cara. Più conveniente. Più facilmente raggiungibile. Per mettere fine a tutte queste discussioni andammo a Gotland, un tempestoso giorno d'aprile, per vedere Fårö in tutta fretta e decidere poi definitivamente per le Orkney. Un taxi sgangherato venne a prenderci a Visby e ci portò attraverso la pioggia e la neve fino al traghetto. Dopo una burrascosa attraversata, attraccammo

a Fårö. L'auto avanzò strepitando lungo la costa per strade tortuose e sdrucciolevoli. Nel film c'è un relitto portato dal mare sulla spiaggia. Girammo intorno a una roccia ed ecco il relitto, un cutter *per la pesca ai salmoni, identico a come io l'avevo descritto. La vecchia casa doveva essere circondata da un piccolo giardino con vecchi alberi di melo. Trovammo il giardino, la casa potevamo costruirla. Doveva esserci una spiaggia sassosa, trovammo una spiaggia sassosa rivolta verso l'eternità. Infine il taxi ci portò ai* raukar, *i faraglioni sulla costa settentrionale dell'isola. Restammo lì in piedi, un po' piegati per far fronte alla tempesta, mentre i nostri occhi lacrimavano a furia di osservare quelle misteriose immagini divine che levavano le loro fronti possenti contro i marosi e l'orizzonte che s'andava scurendo. In realtà, non so quel che accadde. Se si vuole essere solenni, si può dire che avevo trovato il mio paesaggio, la mia vera casa. Se si vuole essere allegri, si può parlare d'amore a prima vista.[17]"*

Ritmato dalla *Suite n. 2 in re minore per violoncello* (E.B. Bengtsson) di J.S. Bach, è un quartetto di figure che inaugura il cinema da camera di Ingmar Bergman.

Uno dei film più angosciosi e sconvolgenti sulla follia. Forse il migliore mai girato.

Ancora una volta Ingmar Bergman fu accusato di non dare risposte ma di saperle solo porre in calligrafia. E, ancora una volta ci soccorre Kierkegaard con la sua filosofia e il suo pensiero: *"...dove spesso le conclusioni mancano; perché spetta al*

17 Ingmar Bergman, *Lanterna magica.*

lettore concludere. Ossia esistere."
Come dice nel suo *Enten-Eller[18]*.

E, ancora una volta co-artefice del capolavoro bergmaniano Sven Nyquist (lo *scultore di luce*, come, con una poetica immagine, lo definì perfettamente il critico Jacques Mandelbaum[19]) e la sua meravigliosa fotografia in bianco&nero, ma che sembra a ...colori.

Oscar 1962 per il miglior film straniero.

Il secondo in due anni consecutivi, dopo quello avuto nel 1961 per *La fontana della vergine[20]*.

"È un inventario prima della svendita. ... la mia intenzione era di descrivere un caso di isterismo religioso.[21] "

---

18 Titolo in danese di *Aut-Aut*, opera del 1843.
19 Jacques Mandelbaum, *Ingmar Bergman*, *I maestri del cinema*.
20 *Jungfrukallan*, 1960.
21 Ingmar Bergman, *Immagini*.

Lo stesso Ingmar Bergman, successivamente, spiega ancora meglio qual'è la *ratio* del suo film: *Come in uno specchio fu un tentativo disperato di illustrare una semplice filosofia: Dio è l'amore e l'amore è Dio. Una persona circondata dall'amore è anche circondata da Dio.[22] "*

---

22 Ingmar Bergman, *Lanterna magica*.

NOTIZIE SUL FILM

Titolo originale: Såsom i en spegel
Paese di produzione: Svezia
Anno: 1961
Durata: 89 min
Colore: B/N
Audio: sonoro
Genere: drammatico
Regia: Ingmar Bergman
Soggetto: Ingmar Bergman
Sceneggiatura: Ingmar Bergman
Fotografia: Sven Nykvist
Montaggio: Ulla Ryghe
Musiche: Johann Sebastian Bach
Erik Nordgren

PERSONAGGI E INTERPRETI

Harriet Andersson: Karin

Max von Sydow: Martin

Gunnar Björnstrand: David

Lars Passgård: Minus

BIBLIOGRAFIA

Ingmar Bergman, *Immagini.*

Ingmar Bergman, *lanterna magica.*

Soren Kierkeggard, *Aut-Aut.*

Antonio Corsani, *Il libro che affiora.*

Sergio Trasatti, *Ingmar Bergman.*

Jacques Mandelbaum, *Ingmar Bergman, I maestri del cinema.*

Antonio Costa, *Ingmar Bergman.*

Aldo Garzia, *Bergman, The Genius.*

Salvatore M. Ruggiero, *Il Genio di Uppsala – Il grande cinema di Ingmar Ernst Bergman spiegato a chi lo ignora.*

INDICE